T0298275

1

Puede consultar nuestro catálogo en www.edicionesobelisco.com

CÓMO SER FELIZ
Ken Keyes

1.ª edición: mayo de 2023

Traducción: *Amalia Peradejordi*
Maquetación: *Carol Briceño*
Corrección: *M.ª Jesús Rodríguez*
Diseño de cubierta: *Carol Briceño*

© 2023, Ediciones Obelisco, S.L.
(Reservados los derechos para la presente edición)

Edita: Ediciones Obelisco, S.L.
Collita, 23-25. Pol. Ind. Molí de la Bastida
08191 Rubí - Barcelona - España
Tel. 93 309 85 25
E-mail: info@edicionesobelisco.com

ISBN: 978-84-1172-006-9
DL B 5323-2023

Impreso en Cevagraf

Printed in Spain

A todos mis alumnos, cuyo apoyo y preocupación por su propio crecimiento me ayudaron a interesarme y a seguir profundizando en la Ciencia de la Felicidad; y también a todos aquellos que, con mentes abiertas e inquietas, introducirán algún día en sus vidas estos eficaces principios.

Tal como imagino, ya sabrás que has estado engañándote a ti mismo y privándote más o menos de todo. Realmente, en la vida, lo más digno que podemos tener es:

Energía,
Perspicacia,
Perceptividad,
Amor,
Tranquilidad de espíritu,
Alegría,
Sabiduría
Y un profundo sentimiento
de determinación

De existir algún consuelo, probablemente sea el de que todo el mundo que conoces también ha estado malgastando su vida. Pero no tienes por qué seguir aumentando las deprimentes estadísticas de la desgracia: una vida sin calor y sin amor, preocupándote por el dinero, autoexigiéndote desempeñar tu trabajo, un matrimonio que no funciona, divorcio, ansiedad, insatisfacción sexual, aburrimiento, soledad, temor, resentimiento, odio, frustración, cólera, preocupaciones, celos, enfados, dolores de cabeza, úlceras e hipertensión, además de ese sentimiento general de náuseas y de desasosiego con respecto a todo, desde tu cuenta corriente hasta la bomba nuclear. ¿Por qué seguir castigándote por más tiempo? Has estado culpando de todo a los demás o incluso a ti mismo. Pero hay una parte en ti que es consciente de que tan sólo son las estúpidas costumbres establecidas las que, repetidas veces, acaban constantemente por alejarte de la felicidad.

Realmente, ¡deberías considerar lo que te estás haciendo! ¿Crees que te resultaría posible llevar una vida alegre y feliz, y con una gran tranquilidad de espíritu, en nuestro alocado mundo?

Sí sí sísí sí sísí sí sí sí
sí sí sí sí sí sí sí sí sí sí
sí sí sí sí sí sí sí sí sí sí
SÍ... PERO

Pero existe una *condición* indispensable.

¿Estás dispuesto a seguirla?

Puedes ser feliz SI utilizas las tres Recetas para conseguir la Felicidad que explicamos en este libro.

Estas tres Recetas funcionan de verdad. Funcionarán, incluso aunque tú no creas que lo hagan.

Quizás te digas a ti mismo que no existe la forma en que puedan actuar en ninguna de las facetas de tu vida…

Pero, simplemente, con que tengas en cuenta estas tres Recetas y las utilices, siempre te funcionarán.

Son muy fáciles de comprender. Actúan ¡siempre que tú lo hagas!

De todas formas, hay algo que te encaminará a aplicarlas en algunas de las situaciones específicas de tu vida y cuando más las necesites.

¡Y ese algo eres tú!

Aunque, por ahora, realmente, no se puede decir que seas tú…

Son sólo tus hábitos y esta forma tan particular de ver las cosas lo que en esta vida te impide poder moldearlas más armónicamente.

Es el orgullo o esos estúpidos modelos de prestigio los que se interfieren en tu camino y es que, a menudo, tu mente preferiría demostrarse a sí misma que está en lo cierto, antes que dejarte ser feliz.

Pero, con la práctica, puedes llegar a aprender s manejar estos impedimentos.

Sé que realmente deseas disfrutar de una feliz existencia.

Todos lo deseamos.

Así pues, ¡manos a la obra!...

KEN KEYES
Doctor en Felicidad

Receta: *Pide lo que quieras, pero no lo exijas.*

Utilícese tanto como sea necesario.
Memorícese esta Receta de forma en que cada vez
que se necesite se tenga a mano.

A tomar: En cualquier momento

Tienes más posibilidades de conseguir lo que quieres cuando lo pides que cuando no. Esto es evidente.

Entonces, ¿por qué no te atreves muchas veces a pedir lo que quieres? A menudo temes que la gente se enfurezca contigo si lo haces. Y, otras veces, dudas en hacerte valer.

Probablemente esperes que la gente lea tus pensamientos.

O quizás estés practicando para convertirte en mártir.

Es muy sencillo aprende simplemente a pedir lo que quieras.

No debes mostrarte demasiado cuidadoso ni andarte con cumplidos.

No debes gritar ni chillar.

Tampoco debes enfurecerte ni pensar que la gente es tremendamente injusta cuando no hacen lo que les pides.

No tienes por qué callarte como un muerto ni refugiarte en un profundo silencio, con el que lo único que conseguirás es enfriar tus relaciones. Simple y llanamente, ¡pide lo que quieras!

Sin jugar a engañar, sin descargarte empleando tus emociones o implicando amenazas y sin utilizar un tono de voz demasiado elevado. Sencillamente, pero definitiva y específicamente, ¡pide lo que quieras!

Puedes ir practicando el pedir lo que quieras, fijándote en la forma tan sencilla y directa que utilizas siempre que pides cosas como: «Por favor, pásame la pimienta» o «¿Puedes cerrar la puerta al salir?».

Irás cogiéndole el truco conforme puedas ir pidiendo CUALQUIER COSA con la misma facilidad y el mismo tono de voz que utilizas cuando le pides a alguien que te pase la pimienta o que cierre la puerta.

Tendrás que practicar un poco, bueno, ¡más que un poco: bastante!. No siempre te resultará fácil pedir dinero, amor, sexo o no sexo y distintos tipos de ayuda de forma simple y específica pero sin recurrir a grandes enfrentamientos.

Mostrándote sencillo, directo y preciso y sin llegar a convertir la situación en algo explosivo, pedir lo que quieres será una técnica que tendrás que ir desarrollando si deseas llevar una vida más feliz.

Un acto de exigencia proviene siempre de un estado de ánimo exigente. Considera la influenciabilidad de tus sentimientos, tu actitud y tu postura. Y entonces, date cuenta de cómo formulas tus exigencias: siempre jugando al «pobrecito de mí», utilizando sin cesar el «me estás hiriendo» o «si realmente me quisieras…», etc. etc.

Todo esto requerirá mucha práctica, ya que todos estamos demasiado acostumbrados a exigir un montón de cosas.

Recuerda que puedes formular tus exigencias empleando un tono de voz enérgico o bien en silencio, manteniendo los labios sellados.

Sea como fuere, ¡lo que cuenta son tus vibraciones!

¿Por qué, automáticamente, exiges tanto?

Quizás, porque temes que la gente no te trate de forma adecuada si no les exiges.

Quizás tengas miedo de que los demás vayan a pisotearte y por ello te pones una coraza. Estás seguro de tener razón y exiges tus derechos, incluso si el conseguirlos… ¡te hace ser más desgraciado!

Crees que si pasas mucho tiempo con alguien podrás moldearlo a tu antojo de forma que responda mejor al modelo que quieres imponer.

¿Acaso consigues gracias a ellas lo que más deseas en esta vida?

¿Estás realmente preparado para afrontar cómo eres; siempre dispuesto a exigir a los demás y al mundo tantas y tantas cosas para ti?

Si observas detenidamente los resultados obtenidos de todas las exigencias que hayas podido formular recientemente, creo que llegarás a la conclusión de que, a pesar de haber estado en lo cierto, no todos los resultados son tan buenos. En otras palabras, muchas de las exigencias que hayas podido formular, no incrementan tu felicidad.

Pierdes más felicidad de la que ganas.

Quizás descubras que un montón de cosas de las que consigues no son debidas a tu exigencia.

Entonces, ¿a qué se deben?

Se deben a lo que se deben.

Y es que tú formas parte de todas ellas.

Porque tú… ¡tienes un motivo para estar aquí!

Algunas veces consigues lo que quieres exigiéndolo.

Pero esto, ¿es igual que perder un dólar y ganar un centavo?

Cuando, tanto enérgica como suavemente, empiezas a exigir (en lugar de preferir), perderás: perspicacia, humor, alegría, un sentimiento de amor (hacia ti mismo y hacia los demás) y tu tranquilidad de espíritu.

Te habrás estado engañando a ti mismo.

Y tú, nunca, te mereces ser engañado por ti mismo.

¿Cómo puedes dejar de exigir?

Esto significará perder todo ese obstinado poder QUE SIENTES DENTRO DE TI.

Implicará suavizar el tono de voz, hacer desaparecer la dura postura que adoptas cada vez que pides algo.

Significará también dejar de lado toda esa severidad y seriedad que demuestras frente al efímero teatro al que llamamos vida.

Probablemente, al principio te parezca algo terrible pero, con la práctica, aprender a pedir lo que quieras sin tener que exigirlo te resultará muy relajante.

Ello significará también dejar de utilizar un tono lastimero en tus peticiones, al mismo tiempo que evitarás emplear todo tipo de alusiones inquietantes o amenazadoras.

A veces, implicará tener que pedir las cosas con una sonrisa y un sentimiento de alegría, demostrando así al mundo que estás convencido de que la vida, al fin y al cabo, ¡no es más que una broma cósmica!

No exigir quiere decir aprender a pedir las cosas sin darles demasiada importancia, a menudo, incluso, de forma humorística.

Es como si estuvieses jugando a un juego en el que intentarás conseguir lo que quieres, pero tú eres muy consciente de que algunas veces se gana y otras se pierde. Y de vez en cuando es BUENO perder.

Con respecto al juego de la vida, puedes llegar a convertirte en todo un caballero. Pedir lo que quieres sin exigirlo significa dejar de insinuarte a este respecto.

Quiere decir que no has de dar tantas vueltas a las cosas o que no has de actuar con tal sutileza que la gente no tenga más remedio que intentar adivinar lo que quieres. También significa que has de dejar de pasearte por ahí con esa cara tan larga y deseando que alguien te pregunte qué te ocurre.

Quiere decir que has de dejar de menospreciarte, dando por sentado que la gente no va a querer darte lo que les pidas o de creer que no eres merecedor de conseguir lo que quieres.

Significa aprender a preguntar de nuevo por lo que quieres HOY, incluso a pesar de haberlo pedido ayer y no haber obtenido resultado alguno.

Cada día es un nuevo día. No debes permitir que los recuerdos del pasado se ciernan y nublen el hermoso día

que hoy mismo puedes crear.

Ahora, ya empiezas a cogerle el truco a la Receta n.º 1:

«Pide lo que quieras, pero no lo exijas».
Ésta es la primera de las tres Recetas para conseguir la Felicidad.

Esta es la Segunda Receta para conseguir la Felicidad:

KEN KEYES
Doctor en Felicidad

Receta: ***Acepta todo lo que te suceda,
al menos por ahora.***

Memorícese esta Receta de forma en que cada vez que
se necesite se tenga a mano.

A tomar: En cualquier momento

Cuando debas utilizarla, quizás sea esta Segunda Receta la que te parezca más dura. «Acepta todo lo que te suceda, al menos por ahora», podría significar tener que aprender a aceptar lo «inaceptable».

Quizás tengas que olvidar lo «inolvidable» o debas amar lo que no se puede amar.

Tendrás que aprender a dejar de pulsar ese botoncito de alarma que tienes en tu mente y que persiste en seguir hiriéndote con tanta fuerza. En realidad, ¿crees que tu vida se siente amenazada por la materia a la que te aferras, o bien intentas alejarte de ella?

Significa que deberás convencerte de que lo que parece una catástrofe ¡no es tan sólo eso!

Hay muchísima gente que, emocionalmente, está aceptando aquello que a ti te causa infelicidad.

Si ellos pueden aceptar lo «inaceptable», quizás tú también puedas hacerlo.

¿Acaso no te das cuenta de que son tus luchas y tus exigencias las que te hacen ser tan infeliz?

No son las cosas por las que luchas, sino la forma en que lo haces; son tus veladas exigencias emocionales y no la situación de la vida en sí misma, las causantes de tus desafortunadas experiencias.

Haz una lista de todas las cosas que no pudiste conseguir el año pasado, ni el anterior. Emocionalmente, ahora ya has aprendido a aceptar alguna de ellas. A esto se le llama crecimiento.

Y tú eres demasiado maravilloso como para impedirte a ti mismo seguir evolucionando.

La mayoría de los problemas que te acarrea la vida no pueden ser manejados durante más tiempo con esas «evasivas o desafiantes» respuestas, siempre tan primitivas.

Por regla general, sueles privarte de obtener lo máximo de las situaciones y de la gente que te rodea cada vez que intentas demostrarles tu poder, o bien dejas que tus miedos te obliguen a huir.

Para desarrollar unos resultados óptimos, la mayor parte de tus problemas requieren más perspicacia, una acción de trabajo práctica y siempre dinámica y en relación con las situaciones durante un determinado tiempo.

Intenta recordar que son siempre tus veladas exigencias emocionales las causantes de tu propia infelicidad.

El arte de la felicidad consiste en aprender a convivir y a actuar con el tipo de papel que te ha sido asignado en esta vida.

Si te retraes, no lo conseguirás, y si te lanzas a por todas, tampoco.

Aceptar las situaciones que te depara la vida, trabajándolas pacientemente, te permitirá acceder a lo máximo que se pueda alcanzar.

Recuerda que una gran parte del sufrimiento humano está causado por la mente, que se siente ofendida por lo que sucede.

Tú no tienes por qué reaccionar ANTE NADA sintiéndote ofendido.

Puedes aprender a perdonarte a ti mismo y a los demás.

Aceptar podría significar valorar lo que tienes y dejar de preocuparte por lo que no tienes.

Constantemente, alejas de ti la experiencia de la satisfacción, pues tu mente está siempre preocupada por lo que no tiene.

No te permites disfrutar con lo que ya posees en el aquí y ahora de tu vida.

Lo que sigues haciéndote es sumamente ridículo.

Tienes muchísimas cosas, pero todo eso ya lo das por hecho.

Y constantemente haces depender tu felicidad de lo que no tienes o, bien, ¡te deshaces de algo que ya tienes!

¿Tienes suficiente aire para respirar, suficiente comida y agua y algún tipo de cobijo contra los elementos donde refugiarte?

Cualquier otra cosa que estés exigiendo emocionalmente (y por la que, además, pierdas la ocasión de ser feliz) no es más que un juego neurótico en el que tu mente te está obligando a participar.

¿Durante cuánto tiempo vas a permitir que tu mente siga destruyendo tu felicidad?

Siempre que das rienda suelta a los deseos de tu mente, anhelando lo que no tienes, persistes en seguir creándote la experiencia de la infelicidad.

Siempre que dirijas tu mente hacia la observación y la apreciación de todas estas cosas bellas que siempre te han rodeado, la felicidad que experimentarás no tendrá límites.

Tú eliges la forma de manejar tu mente y tu vida.

«Acepta todo lo que te suceda, al menos por ahora».

No significa que todo lo que te suceda tenga por qué gustarte.

Tampoco significa que dejes de seguir intentando cambiar lo que pasa o que tengas que pensar que todo lo que sucede está bien.

«Acepta todo lo que te suceda al menos por ahora» podría significar: dejar de sentirte tan asustado, enojado, resentido, preocupado y, por lo tanto, ¡tan desgraciado!

Preferir que las cosas sean distintas, pero ¡dejando de exigirlas por más tiempo de forma tan obstinada! Con ello, cambiarás tu experiencia interior y emocional.

Supón que te enfadas con alguien.

¿Sigues conservando toda tu cólera porque crees que, si dejaras de estar enfadado, ello supondría hacer pensar a la otra persona que la que tiene «razón» es ella?

Quizá necesites tener un poco más de práctica a la hora de demostrar que el que tiene razón eres tú, pero de una forma amable y sin crearte cóleras innecesarias.

¿Acaso mantienes tu enojo y tu resentimiento porque hacerlos salir a flote te avergüenza?

Date cuenta de toda esta enorme tirantez y de toda la tensión que estás creando dentro de tu propio cuerpo y de tu mente.

Por tu propio bien, ¡relájate! Puedes ampliar tus perspectivas. Puedes desechar tu negatividad y dejar a un lado esa fuerte resistencia que llevas a cabo «contra ti mismo», incluso cuando tienes razón.

¿Acaso no te resultan molestas las consecuencias de tener siempre la inevitable sensación de estar en lo cierto?

Cuando tienes razón puedes permanecer sereno y no perder por ello tu tranquilidad de espíritu.

Dada una situación, una mente ingeniosa puede tener razón y al mismo tiempo sentirse satisfecha aun cuando la gente no esté de acuerdo con ella.

Para ser feliz y encontrarte satisfecho, no puedes permitirte por más tiempo que tu mente continúe con sus desdeñosos y exigentes juicios, siempre ocultos bajo una máscara de cortesía.

Deja ya de intentar convencer a los demás de que tienes razón ¡e invítate a ti mismo a alcanzar la felicidad!

Esta aceptación o permisibilidad es una sensación interior de verdadera entrega y no una renuncia forzada y de cara al exterior.

LA ENTREGA INTERIOR no se basa en la frustración de tus sentimientos.

Proviene de *tu propia e inteligente elección.*

Se basa en la PERSPICACIA, no en el miedo.

Se trata de una decisión muy inteligente (incluso ¡de una decisión meramente egoísta!) aceptada por ti mismo para conseguir más felicidad en tu vida.

Es una técnica que deberás practicar, pues no penetra fácilmente en la mente humana.

La aceptación, la entrega interior y la no exigencia de las que estamos hablando *son sumamente distintas* a la derrota o a la sumisión, a la pérdida de fuerza, a la efectividad disminuida o a la pérdida de individualidad.

Date cuenta de que cuando te sientes derrotado, no permites que tus deseos más profundos salgan a flote.

Lo que haces es desviar la cuestión por la que estás luchando en tu interior y continúas atormentándote por un deseo más profundo que es el que domina tu consciencia.

Y es lo que, en el fondo, sigues exigiendo.

De lo que estamos hablando es de *liberarte a ti mismo de tus más profundos deseos.*

Porque el mundo, aquí y ahora, no está preparado todavía para poder satisfacerlos. Aceptar las cosas sabiamente te ahorrará energía, aclarará tu mente, agudizará tu perspicacia, te permitirá disfrutar cada momento de tu vida en el aquí y ahora y te ayudará, también, a incrementar el amor hacia ti mismo y hacia todos los demás.

los tres cruentos motivos de aislamiento que, en tu vida, te impiden acceder a lo máximo que puedes conseguir.

Podrás unificar tu psique, tan a menudo dividida entre sí misma (tu mente en contra de tu propia mente) reprimiendo, juzgando, derribándote y creándote sensaciones desagradables.

Subsanarás la división existente entre la mente y el cuerpo que destruye tu energía al rechazar o ignorar a este último, sus deseos y sus efectos y que, al mismo tiempo, te hace sentir casi muerto.

No prolongarás por más tiempo las luchas entre ti mismo y los demás que te mantienen apartado de la gente y destruyen tu alegría de vivir.

Esta suave renuncia a las exigencias y a las ligaduras de tu mente representa el nivel más alto de la verdadera fuerza y del carácter en el ser humano.

¿Qué es lo que pretendemos decir con «por ahora»?

«Por ahora» significa «por ahora».

En la vida, todo cambia.

Cuando utilices las tres Recetas para conseguir la Felicidad, te sorprenderás al ver cuán a menudo cambian las cosas permitiéndote conseguir lo que quieres sin tener que manipularlas ni forzarlas.

«Por ahora» ayuda a tu mente a sintonizarse con el aquí y ahora.

Después de todo, el aquí y ahora es todo lo que siempre has tenido.

Sólo posees el «momento presente». El ayer se encuentra acumulando cenizas entre los archivos de tu mente.

Y el mañana es tan sólo una esperanza.

¡Jamás existirá un mañana! Pues, cuando éste llegue, siempre será un «hoy».

Por eso, ¡el momento presente es eterno!

mejor Ni será así, ni tiene por qué serlo.

¡Ahora es el momento! Y es todo lo que siempre has tenido.

Una Felicidad aplazada puede convertirse en una Felicidad perdida.[1]

Así pues, deja ya de preocuparte porque la vida es como es.

Aquí y ahora y, en este preciso momento, no hay nada que puedas hacer para cambiar las cosas.

Quizás, a partir de ahora, puedas cambiarlas dentro de un segundo o dentro de un mes.

Y está muy bien jugar al juego de moldear las cosas para darles la forma que tú quieras que tengan.

Pero, entretanto, *no te hagas desgraciado a ti mismo.*

¿Por qué no ser agradable contigo mismo «por ahora»?

Relaja la excesiva actividad de tu mente.

---

1. ¡Lamentablemente!

ya ha muerto y haciendo cábalas sobre un hipotético futuro,

que el momento presente
¡se pierde constantemente!

Disfruta con lo que tienes ahora, incluso si una parte de ello no ocurre de la forma que tú hubieses deseado que ocurriera.

Una de las cosas que nunca has querido afrontar es que tu vida jamás se adaptará a tu modelo de perfección.

Siempre ha sido «imperfecta». Y siempre lo será.

¡La vida es así!

a aceptar la vida tal como viene, lo que significa que algunas veces ésta se ajustará a tus esperanzas y otras no.

A veces, la vida es algo odioso.

Pero no tienes por qué sentirte así.

Si tu mente mirase a su alrededor, se percataría de que siempre existe un motivo

SUFICIENTE para ser feliz.

Si tan sólo PREFIRIERAS que las cosas fuesen distintas a lo que son, podrías disfrutar de la vida.

Pero deja ya de exigir que sean distintas a lo que son ahora, ¡incluso aunque tengas razón!

En otras palabras: la persona que es feliz aprende a convivir con las «imperfecciones» cotidianas de su vida.

Conforme vaya desarrollándose tu sabiduría, irás descubriendo que todo es perfecto, tanto de cara a tu propia evolución interior, ¡como a tu Felicidad!

Algunas veces, no desearás evolucionar tan deprisa y, otras, podrás utilizar el pasado para ayudarte en tu desarrollo presente.

Vuelve la vista atrás nuevamente y analiza todo lo que ocurrió en tu vida en el transcurso del pasado año…

¿Acaso todas tus tensiones, tus miedos, tu cólera, tus celos, tus preocupaciones, tus resentimientos, tus penas y enfados o tus angustias resolvieron tus problemas?

Repasa de nuevo mentalmente todas las «actuaciones» dramáticas que tuvieron lugar en el efímero teatro de tu vida durante el pasado año.

¿Eres capaz de darte cuenta de cómo podrías haber utilizado esta Segunda Receta («acepta todo lo que te suceda, al menos por ahora») en cada

preocupado ni tan desgraciado?

Siempre debes recordar que el propósito de esta Segunda Receta es el de intentar poner fin de forma instantánea al modo en el que, momento a momento y día tras día, te has hecho cada vez más desgraciado. Estas Recetas para conseguir la Felicidad te enseñan cómo cambiar

¡Tu experiencia de vida!

Si las sigues, podrás permitirte disfrutar de la vida durante todo el tiempo, también cuando las cosas vayan de mal en peor. Conforme aumentes tu experiencia en el manejo de estas tres Recetas para conseguir la Felicidad, podrás ser feliz la mayor parte del tiempo.

Para disfrutar al máximo de tu vida, debes darte cuenta de que ¡el mundo no lo hará por ti!

¡Sino que debes ser tú quien lo haga!

El mundo gira, y pasa lo que tiene que pasar.

Pero tan sólo tú puedes ser quien cree *tu propia experiencia* de la vida.

- ❖ Emocionalmente, puedes «aceptar todo lo que te suceda, al menos por ahora» y, al mismo tiempo, lo que te esté sucediendo no tiene por qué gustarte.

- ❖ Puedes intentar cambiar todo lo que pueda ser cambiado de una forma inteligente y sin tener que añadir más problemas a tu vida.

- ❖ Aceptar emocionalmente todo lo que te suceda significa que no debes renunciar a tus sentimientos, aun cuando lo que ocurra sea negativo.

Y es que, realmente, ¡a lo único que debes renunciar es a sentirte desgraciado!

Puedes convertir tu vida en una experiencia agradable aunque las cosas no se desarrollen como a ti te hubiese gustado.

Y esto comenzará a pasarte en cuanto aprendas a «aceptar todo lo que te suceda, al menos por ahora».

Mientras vivas, siempre estarás ganando y perdiendo algo.

Tu vida te parecerá a veces «perfecta» y a veces «imperfecta». Y es que las cosas sufren constantes altibajos.

¡Pero tu experiencia de la vida no tiene por qué sufrirlos!

¡Buena suerte!

Recuerda que puedes manejar tu mente aun cuando el camino se vuelva difícil.

Ahora ya estás preparado para asumir la última de estas tres Recetas para conseguir la Felicidad:

KEN KEYES
Doctor en Felicidad

Receta: *Da rienda suelta a tu amor, incluso si no consigues lo que quieres.*

Puede utilizarse libremente durante todo el tiempo.

Memorizar bien esta Receta:
suele olvidarse a menudo.

A considerar: Los utilice o no, cada corazón
posee una infinidad de refuerzos en su interior.

Apuesto a que estás pensando que la Tercera Receta para conseguir la Felicidad sugiere que «des rienda suelta a tu amor» con el fin de ser más agradable con los demás. Pero esto no es así.

¡Tienes que dar rienda suelta a tu amor para ser agradable contigo mismo!

¿Acaso no te das cuenta de que te has estado aislando y haciéndote cada vez más desgraciado por haber reprimido tu amor tanto hacia ti mismo como hacia los demás?

¿Qué queremos decir con la palabra «amor»?

Amor no significa tener ciertos detalles amables o hacer regalos envueltos con papel de celofán y con un lacito, aunque es cierto que, a veces, el amor también puede empujarte a hacer todas esas cosas.

Amor significa poner fin al aislamiento y a las fronteras que existen entre los sentimientos de tu propio corazón y los de otra persona.

El amor es un sentimiento de unidad y de franqueza que sientes dentro de tu corazón.

En realidad, cuando amas a alguien significa que él o ella está haciendo que contactes con una parte que tú amas de ti.

Por el contrario, date cuenta de que, cuando rechazas a alguien, lo único que estás haciendo es rechazar lo que más te disgusta de ti.

El mundo es tu reflejo…

El amor es un sentimiento de intimidad, afecto, comunicación, comprensión, solidaridad y unidad.

El amor no es una cuestión de lo que pase en la vida, sino de lo que esté sucediendo en tu corazón.

La mayoría de las personas no son muy diestras en el amor.

Siempre crean dificultades en el momento de amarse a sí mismas y a los demás.

Piensan que si aman a alguien, todo lo que esa persona diga o haga les tiene que gustar.

Creen que el amor implica sentirse obligados a hacer algo por éste.

Y piensan que el amor también significa no poder decir que «no» a la persona amada.

Como amante experimentado, puedes decirte (e incluso a los demás) que «me guste o no lo que digas o hagas no afectará al hecho de que yo te ame o no».

Tu forma de actuar no tiene por qué gustarme, pues *«¡es a ti a quien quiero!»*.

Cuando tu amor se siente condicionado en mayor o menor grado por las ataduras, no se puede decir que estés amando realmente.

En otras palabras, el juego del amor consiste en «amar a cada cual incondicionalmente, incluyéndote a ti mismo».

Siempre deberás recordar que el amor es un sentimiento del corazón, y que no es lo que tú digas o hagas, a pesar de que el hecho de estar enamorado influirá también de forma definitiva en muchos de tus actos, cuando sepas abordarlo correctamente.

Amas a alguien
porque esa persona está aquí.
Ésa es la única razón.

Tú no amas a las personas porque anhelen tu amor desesperadamente.

No las amas porque lo necesiten o se lo merezcan.

Ni tampoco porque deseas que ellas también te amen a ti. (Algunas personas quizá no puedan permitirse a sí mismas amarte).

Tú simplemente las amas ¡porque están aquí!

Date cuenta de que el amor no funciona como un trueque o como un cambio.

El «te quiero si tú me quieres…» generalmente no resulta muy efectivo.

Para poder aumentar tu Felicidad, esto es lo que funciona perfectamente:

* «Te quiero, a pesar de lo que digas o hagas. Siempre te querré.
* Nada de ataduras.
* Nada de trueques.
* Ni de cambios.
* Ni de cuentas.
* Mi amor simplemente se debe a que estamos aquí».
* Quizás algunas veces no me apetezca estar contigo porque no me gusten los papeles que representas en el efímero teatro de la vida.

+ Pero siempre te querré.

+ Siempre tendré este sentimiento de franqueza que he creado en mi corazón cuando pienso en ti.

¿Cómo puedes aumentar tu sentimiento de amor hacia las personas que te rodean? Abrázalas más a menudo o míralas a los ojos más profundamente y ayúdate así a experimentar y a descubrir al ser humano que se esconde tras ellos y que lo único que pretende es intentar, acertada o equivocadamente, que su vida sea mejor.

Comparte la mayor parte de tus más secretos pensamientos con los demás.

Experimenta todo lo que cada uno haga o diga, incluso aunque tú ya lo hubieras dicho o hecho anteriormente.

Ayúdales facilitándoles el camino.

Para amar más profundamente, abre bien los ojos para poder ver y apreciar mejor toda la belleza que puedes encontrar en tu vida.

Vuélvete más consciente (quizás te ayude confeccionar una lista) de todas las cosas dignas de ser amadas tanto en ti mismo como en tu propio mundo. Ello te conducirá de forma automática a experimentar toda la belleza y el encanto de las personas que te rodean.

En cuanto abras tu corazón, quizás algo después en un primer descubrirás muy pronto que la gente te responde abriendo también sus propios corazones.

Antes de que puedas darte cuenta, tu amor se habrá ido incrementando pero ya no en forma de palabras ni como un condicionante más, sino como un sentimiento vivo que habrás ido creando en tu corazón.

Para aumentar tu amor, imagínate que el corazón de otra persona está dentro del tuyo y que ambos laten al unísono.

Ponte en su lugar de forma que puedas entender a esta persona, tanto emocional como mentalmente.

La comprensión que se derive de tu corazón te permitirá contactar con ella a nivel emocional, y la que se derive de tu mente significará el saber honrar y aceptar el valor de las lecciones que la vida está ofreciendo a esa otra persona.

La sabiduría es una compasiva mezcla de ambos: corazón y mente.

que «des rienda suelta a tu amor, incluso aunque no consigas lo que quieras».

No necesitas esta Receta para dar rienda suelta a tu amor cuando consigues lo que quieres.

Amar resulta fácil cuando está brillando el sol y tú te sales con la tuya.

Tampoco necesitas este libro para que te explique cómo ser feliz en esas circunstancias.

Para ser un amante diestro, debes ser capaz de mantener abierto tu corazón a otra persona sin tener en cuenta lo que está pasando en el efímero teatro de tu vida.

Puedes echar a alguien de tu propio melodrama,

¡pero no lo eches de tu corazón!

Lo que debes aprender si quieres llevar a cabo una feliz existencia es a dar rienda suelta a tu amor, ¡aun cuando no puedas siempre salirte con la tuya!.

Esto es algo que deberás practicar. Pues no resulta fácil, excepto con los perros.

¿No te has dado cuenta de cuán a menudo un perro sigue meneando la cola y continúa queriéndote, a pesar de que no siempre te lo lleves cuando sales a la calle o se te olvide alguna vez darle de comer a su hora?

Un perro no utiliza el amor para controlarte.

Si puedes entrenarte para conseguir que tu amor sea tan incondicional como el de la mayor parte de los perros, ¡lo habrás conseguido!

En realidad, y aunque te empeñes en olvidarlo, recordarás que Cristo dijo: «Amaos los unos a los otros».

El amor es el eje central de toda religión. Nuestras vidas se han establecido de forma que las empezamos llenos de una gran dosis del incondicional amor materno que nos rodea cuando venimos al mundo por primera vez.

En tu vida puedes gozar del éxito, la fortuna, el prestigio y las influencias. Pero esto no será suficiente.

No vas a tener ninguna posibilidad de alcanzar la Felicidad a menos que experimentes una gran cantidad de amor hacia ti y hacia otros seres humanos.

El amor es más poderoso que todas las bombas juntas.

El amor puede conllevar la paz, las bombas, no.

Las personas, por amor, están dispuesta a hacer una serie de cosas libremente que, sin él, jamás pensarían en hacerlas por mucho que fueran sobornadas o amenazadas.

Todos los seres humanos son parientes cercanos o lejanos entre sí.

Este amor hacia nuestros semejantes que todas las personas experimentan al igual que «NOSOTROS» es la única vía posible para poder llevar la paz, la armonía, la solidaridad y la alegría de vivir a los cuatro mil millones de personas que hay en la Tierra.

Si anidásemos más amor en nuestros corazones, no tendríamos por qué luchar en las guerras, ya fuesen éstas personales o internacionales.

Resulta fácil amar a aquellos que te corresponden.

Pero ¿eres lo suficientemente diestro como para mantener vivo el amor en tu corazón incluso cuando piensas que el otro puede estar odiándote, ridiculizándote, despreciándote, rechazando tu compañía o haciendo cosas que te hieran?

Si desarrollas un alto nivel de técnica en mantener vivo tu amor (incluso cuando no consigues lo que quieres), ¡podrás elegirte a ti mismo como un miembro más del club de los enamorados!

No te preocupes si los demás te quieren o no. Es su problema.

Conforme vayas aumentando tu práctica en el vivir una feliz existencia, tu ÚNICA preocupación deberá ser la de si amas o no a los demás.

Puedes aprender a hacer funcionar tu amor automáticamente y sin tener en cuenta que los demás te correspondan o no.

Siempre puedes crear tu propia experiencia de la vida siguiendo un hermoso y alegre camino si mantienes vivo tu amor, independientemente de lo que la gente diga o haga.

Así pues, intentemos ir más allá de nosotros mismos. Podemos aprender a dar rienda suelta a nuestro amor, incluso cuando no consigamos lo que queremos. Podemos desprendernos de nuestras identidades, siempre contrapuestas, pero que tan valerosamente defendemos. Podemos liberarnos de lo que pensamos que somos para que, así, el ser interior que llevamos dentro y que está lleno de hermosura, pueda salir a flote y convivir con los demás seres maravillosos que nos rodean.

Debemos convencer a nuestros egos y a nuestras mentes de que sí queremos llevar una feliz existencia.

¡El amor es más importante que cualquier otra cosa!

Así pues, ahora ya tienes las tres Recetas para conseguir la felicidad.

KEN KEYES
Doctor en Felicidad

Receta: *Pide lo que quieras, pero no lo exijas.*

Acepta lo que te suceda, al menos por ahora.
Da rienda suelta a tu amor,
incluso si no consigues lo que quieres.

A tomar: En cualquier momento

Saber utilizar estas Recetas para conseguir la Felicidad, requiere práctica y perspicacia.

No son tan sencillas como tomarse una pastilla.

Debes trabajar juntamente con tu sistema de deseos, tu ego, tus premeditados recuerdos, tus costumbres mentales y las ilusiones de tu orgullo y de tu prestigio.

Durante el resto de tu vida, y para seguir madurando, necesitarás utilizarlas.

Pero es mucho más fácil que toda esa miseria e infelicidad que siempre acabas por aceptar cuando ignoras estas Recetas para conseguir la Felicidad.

Adquirir la práctica necesaria para manejar estas pautas puede llevarte meses o incluso años.

Debes aprender a utilizarlas en los momentos más difíciles de tu vida puesto que, precisamente, serán en los que más las necesites.

Así pues, intenta no desanimarte y, por tu propia Felicidad, ¡no te des por vencido!

Probablemente, no siempre serás capaz de aplicar estas Recetas de una manera perfecta.

No es que seas muy dado a estar siempre desafiando a tus propios modelos o patrones, ¿verdad?

No tienes por qué aplicar estas Recetas perfectamente.

Pero, cuanto más las apliques, más beneficios obtendrás.

Conténtate con el «más o menos» en lugar de con el «todo o nada».

Así pues, ahora ya lo has conseguido. Tan sólo existe una persona en el mundo que realmente pueda hacerte feliz. Y tan sólo existe una persona en el mundo que realmente pueda hacerte desgraciado.

¿Qué te parece si intentas conocer a esa persona más profundamente?

Para empezar, mírate en el espejo,
sonríe y ¡salúdate a ti mismo!

y, entonces, convéncete de que, por un tiempo, dejarás de emplear toda esa energía intentando cambiar a quienes te rodean.

Eso no siempre te ha funcionado bien, ¿verdad?

En su lugar, vas a emplear esa energía intentando mejorarte a ti mismo, lo que, en tu vida cotidiana, te permitirá utilizar estas Recetas para conseguir la Felicidad de una manera perfecta y totalmente efectiva.

La vida pasa muy deprisa.

No te demores. No lo aplaces.

No esperes hasta tener un momento libre.

Ni esperes tampoco hasta que el momento sea el «apropiado».

No intentes convencerte de que vas a intentar cambiar, sino ¡propóntelo seriamente! Tu mente conoce muchos trucos.

Y siempre tendrá las mil y una excusas para no seguir estas Recetas.

¡Sigue diciéndole a tu mente que estás totalmente dispuesto a cambiar! Asegúrale que quieres disfrutar de una vida caracterizada por:

+ *La energía,*

+ *La perspicacia,*

+ *La perceptividad,*

+ *El amor,*

+ *La tranquilidad de espíritu,*

+ *La alegría,*

+ *La sabiduría*

+ *Y un profundo sentimiento de determinación.*

Pide a tu mente que te ayude. Ella es tu amiga, ya lo sabes.

Y si estás totalmente dispuesto a conseguirlo, ella te dará lo que le pidas.

¿Quieres de verdad utilizar estas Recetas o, simplemente, deseas querer hacerlo?

Para conseguir hacerte feliz a ti mismo, no tienes por qué seguir esperando más tiempo a los demás.

Ni tampoco debes esperar nada del mundo para hacerte con unos modelos apropiados y lo bastante próximos a ti de forma que puedas crearte una experiencia de paz y alegría.

La felicidad es como el juego del
«hágalo usted mismo»
¡Y se te está acabando el tiempo!

AMAR MÁS Y EXIGIR MENOS no es tan sólo lo mejor que puedes hacer por ti.

¡Es también lo más hermoso que puedes hacer por el resto del mundo!

Estas tres Recetas, realmente, son bastante contagiosas.

Cuanto más las utilices, más las utilizarán los que te rodean, aunque no les hayas explicado nada sobre ellas.

Simplemente, las aprenderán por sí mismos.

Y todos los niños que te rodeen aprenderán a utilizarlas con la misma facilidad con que aprenden el lenguaje.

Pero hay que tener una precaución: no exijas que los demás también las utilicen.

Tales exigencias (a pesar de que tengas razón), lo único que harán es disminuir el grado de Felicidad que hayas alcanzado.

Déjales que aprendan GRACIAS A TU EJEMPLO y no a tus sermones.

Esto es algo que no se puede enseñar, ¡se tiene que aprender!

El resultado que se obtiene al utilizar estas Recetas para conseguir la Felicidad podrá parecerte un milagro y, quizás, también se lo parezca a los demás.

Realmente, los milagros son acontecimientos diarios del todo normales entre las personas que, momento a momento, utilizan habitualmente estos principios.

Al fin y al cabo, un milagro es algo que te hubiese gustado que sucediera, pero que no imaginabas que pudiera acontecer.

Los resultados que obtengas a lo largo de tu vida al utilizar las Recetas para conseguir la Felicidad, podrán parecerte milagros porque nunca has tenido en cuenta el verdadero poder del amor.

El amor ayuda a que las cosas se arreglen, armonizándolas y estabilizándolas sin que lleguemos a herirnos o a hacernos daño entre nosotros.

Asegúrate de recordar bien las Recetas para conseguir la Felicidad, de forma en que puedas tenerlas a mano cada vez que las necesites:

1. *Pide lo que quieras, pero no lo exijas.*

2. *Acepta todo lo que te suceda, al menos por ahora.*

3. *Da rienda suelta a tu amor, incluso aunque no consigas lo que quieres.*

No dejes que la vida te sorprenda sin estas Recetas.

Te ayudarán a hacerte la vida más feliz que posiblemente jamás puedas tener.

Y recuerda, siempre eres maravilloso, capaz y digno de ser amado, incluso aunque al utilizar estas tres Recetas para conseguir la Felicidad, no siempre obtengas el éxito deseado.

Te quiero.